Leon Tolstoi

Onde existe AMOR, DEUS aí está

Ilustrado por
Lorena Chiuppi

Dados Internacionais de Catalogação na Publicação (CIP)
(Câmara Brasileira do Livro, SP, Brasil)

Tolstói, Leão, 1828-1910.
  Onde existe amor, Deus ai está / Leon Tolstoi ; ilustrado por Lorena Chiuppi ; [tradução do original russo por Victor E. Selin]. – 5. ed. – São Paulo : Paulinas, 2014. – (Coleção tecendo histórias. Série pontos de luz)

  ISBN 978-85-356-3701-4

  1. Contos russos I. Chiuppi, Lorena. II. Título. III. Série..

14-00479   CDD-891.73

Índice para catálogo sistemático:
1. Contos : Literatura russa 891.73

5ª edição – 2015
7ª reimpressão – 2023

Revisado conforme a nova ortografia

© 2005, Paoline Editoriale Libri, Figlie di San Paolo, Via Francesco Albani, 21 – 20149 Milano.
Tradução do original russo por: Victor E. Selin.

Direção-geral: *Flávia Reginatto*
Editora responsável: *Maria Alexandre de Oliveira*
Assistente de edição: *Rosane Aparecida da Silva*
Copidesque: *Mônica Elaine G. S. da Costa*
Revisão: *Ana Cecilia Mari*
Direção de arte: *Irma Cipriani*
Gerente de produção: *Felício Calegaro Neto*
Produção de arte: *Wilson Teodoro Garcia*

Nenhuma parte desta obra poderá ser reproduzida ou transmitida por qualquer forma e/ou quaisquer meios (eletrônico ou mecânico, incluindo fotocópia e gravação) ou arquivada em qualquer sistema ou banco de dados sem permissão escrita da Editora. Direitos reservados.

Cadastre-se e receba nossas informações
www.paulinas.com.br
Telemarketing e SAC: 0800-7010081

Paulinas
Rua Dona Inácia Uchoa, 62
04110-020 – São Paulo – SP (Brasil)
(11) 2125-3500
editora@paulinas.com.br
© Pia Sociedade Filhas de São Paulo – São Paulo, 2008

"Todos pensam em mudar o mundo,
mas ninguém pensa em mudar a si mesmo."
Leon Tolstoi

Vivia na cidade Martyn Avdeitch, o sapateiro. Ele morava num porão que tinha uma única janela que abria para a rua. Pela janela baixa podia ver as pessoas passando, mas delas enxergava somente as pernas. Martyn Avdeitch, no entanto, conhecia as pessoas pelo calçado. Fazia muito tempo que vivia naquele lugar e tinha muitos conhecidos. Era raro surgir algum par de calçados dos arredores que não tivesse passado uma ou duas vezes por suas mãos: uns para trocar o solado, outros para remendar, outros ainda para costurar e, vez ou outra, fazer novas pontas. Frequentemente ele via os frutos de seu trabalho passando pela janela. Serviço havia bastante, pois Avdeitch trabalhava bem, usava bom material, não cobrava a mais e mantinha a palavra. Quando podia cumprir o prazo, pegava o trabalho; se não podia, não enganava e avisava antes.

Todos conheciam Avdeitch e não lhe faltava serviço. Sempre foi uma boa pessoa, mas, com a idade, passara a preocupar-se com a própria alma e a aproximar-se mais de Deus.

Quando Martyn ainda morava na casa do patrão, faleceu sua esposa deixando-lhe um garoto de três anos. Havia tido outros filhos, mas nenhum deles sobrevivera. No início, Martyn quis entregar o filho para a irmã na aldeia; depois ficou com pena. Pensou: "Vai ser duro para o meu Kapitoshka viver numa família estranha. Vou ficar com ele". Então Avdeitch deixou a casa do patrão e foi viver com o filhinho num quarto. Mas Deus não lhe concedeu sorte com filhos. Mal o garoto havia crescido e começado a ajudar o pai – uma alegria só! –, uma doença o apanhou. O menino teve febre por uma semana e morreu.

Martyn sepultou o filho e ficou desesperado. Tão desesperado que passou a reclamar de Deus. Foi tomado de uma tristeza tal, que por diversas vezes pedia a Deus a morte, repreendendo-o por ter levado o único e amado filho em vez de levar a ele, um velho. Avdeitch parou até de ir à igreja.

Certa vez, passou pela casa de Avdeitch um velhinho, conterrâneo seu, vindo do mosteiro Troitsa,* e que já andava pelo mundo havia oito anos. Passaram a conversar, e Avdeitch começou a queixar-se de sua infelicidade.

– Nem tenho mais vontade de viver – desabafou ele. – Só quero morrer. É a única coisa que peço a Deus. Tornei-me agora uma pessoa sem esperanças.

Então o velhinho lhe falou:

– Não fale assim, Martyn, não podemos julgar as ações de Deus. As decisões não cabem a nós, mas à providência divina. Deus designou ao seu filho morrer e a você, viver. Isso significa que assim é melhor. Quanto a seu desespero, ele decorre do fato de você querer viver em função de sua própria felicidade.

– Mas para que viver então? – perguntou ele.

O velhinho respondeu:

– Deve-se viver para Deus, Martyn. É ele quem dá a vida; deve-se então viver para ele. Assim que passar a viver para Deus, você não vai mais sofrer com nada, e tudo lhe parecerá fácil.

Martyn pensou um pouco e disse:

– Como se vive para Deus?

---

* Mosteiro famoso. Troitsa significa Trindade.

Então o velhinho disse:

– Cristo nos ensinou como viver para Deus. Você sabe ler? Compre um Evangelho, leia e saberá como viver para Deus. Está tudo indicado lá.

Essas palavras calaram fundo no coração de Avdeitch. No mesmo dia ele comprou o Novo Testamento impresso com letras grandes e começou a ler.

Avdeitch pretendia ler somente nos feriados, mas, assim que começou, sentiu-se tão bem espiritualmente que passou a fazê-lo todos os dias. Chegava a ler durante tanto tempo, que o querosene do lampião acabava e ele não conseguia largar o livro. Assim, Avdeitch passou a ler todas as noites. Quanto mais lia, mais entendia o que Deus desejava dele e como se devia viver para Deus... e o seu coração foi se tornando cada vez mais leve. Antigamente, ao deitar-se para dormir, ele chorava e gemia lembrando-se de Kapitoshka. Mas, agora, dizia somente: "Glória, glória a ti, Senhor! Seja feita a tua vontade".

A partir daí, a vida de Avdeitch mudou. Antes, nos dias festivos, ele ia à taverna para tomar chá e não rejeitava uma vodca. Acontecia de beber com algum conhecido e, mesmo sem embebedar-se, saía da taverna meio alegre e falando bobagens, criticando ou condenando alguém. Agora, já não mais fazia isso. Sua vida tornou-se pacífica e feliz. Pela manhã sentava-se para trabalhar e cumpria o seu horário. No final do dia tirava o lampião do gancho, colocava-o na mesa, pegava o livro da estante, abria-o e sentava-se para ler. Quanto mais lia, mais entendia e, em seu coração, tudo se tornava claro e alegre.

Um dia, Martyn leu demais e acabou esquecendo-se da hora. Estava lendo o evangelho de Lucas e, no capítulo 6, deparou-se com os versículos 29 a 31:

A quem te ferir numa face, oferece a outra; a quem te arrebatar a capa, não recuses a túnica. Dá a quem te pedir e não reclames de alguém tomar o que é teu. Como quereis que os outros vos façam, fazei também a eles.

Leu também os versículos 46 a 49, em que o Senhor diz:

Por que me chamais "Senhor! Senhor!", mas não fazeis o que eu digo? Vou mostrar-vos a quem é comparável todo o que vem a mim, escuta as minhas palavras e as põe em prática. Assemelha-se a um homem que, ao construir uma casa, cavou, aprofundou e lançou o alicerce sobre a rocha. Veio a enchente, a torrente deu contra essa casa, mas não a pôde abalar, porque estava bem construída. Aquele, porém, que escutou e não pôs em prática é semelhante a um homem que construiu sua casa ao rés do chão, sem alicerce. A torrente deu contra ela, e imediatamente desabou; e foi grande a sua ruína!

Avdeitch leu essas palavras e sentiu alegria na alma. Tirou os óculos, colocou-os sobre o livro, debruçou-se sobre a mesa e pôs-se a refletir. Começou a comparar a sua vida com as palavras que tinha lido. Pensava consigo mesmo: "Será que a minha casa está sobre a rocha ou sobre a areia? Ainda bem que está sobre a rocha. Parece tudo fácil quando estou sentado aqui, parece que fiz tudo o que Deus mandou... mas, logo que me distraio, peco novamente. Apesar disso, vou continuar tentando, porque é muito bom. Ajuda-me, Senhor!".

Pensando assim, quis ir deitar-se, mas não conseguia parar de ler. Avançou também no sétimo capítulo. Leu sobre o centurião, sobre o filho da viúva, sobre a resposta aos discípulos de João Batista. Chegou à parte em que o rico fariseu convidou Jesus para ir à sua casa e leu sobre a mulher pecadora que lhe ungiu os pés, regando-os com as próprias lágrimas, e como ele a perdoou. Daí chegou até o versículo 44:

E, voltando-se para a mulher, disse a Simão: "Vês esta mulher? Entrei em tua casa e não me derramaste água nos pés; ela, ao contrário, regou-me os pés com lágrimas e enxugou-os com os cabelos. Não me deste um ósculo; ela, porém, desde que eu entrei, não parou de cobrir-me os pés de beijos. Não me derramaste óleo na cabeça; ela, ao invés, ungiu-me os pés com perfume".

Ele leu esses versos e pensou: "Não deu água para os pés, não osculou, não ungiu a cabeça com óleo...". Avdeitch novamente tirou os óculos, colocou-os sobre o livro e pensou de novo. "Pelo jeito, o fariseu era como eu, que também só pensava em mim mesmo: tomava o meu chá num cantinho quente e aconchegante, sem preocupar-me com o convidado. Só me lembrava de mim, e esquecia-me do convidado. E quem era o convidado do fariseu? O próprio Senhor. Se ele viesse me visitar, será que eu agiria assim?"

Avdeitch, debruçado sobre a mesa, nem percebeu quando adormeceu.

– Martyn! – ouviu de repente alguém soprar em seu ouvido.

Martyn alvoroçou-se, meio zonzo de sono.

– Quem está aí?

Voltou-se e olhou para a porta: não havia ninguém. Adormeceu novamente. De súbito, ouviu nitidamente:

– Martyn! Olá, Martyn! Amanhã, fica olhando para a rua, que eu vou chegar.

Martyn despertou. Levantou-se da cadeira e começou a esfregar os olhos. Não conseguia entender se ouvira aquelas palavras em sonho ou na realidade. Apagou o lampião e foi dormir.

Avdeitch levantou-se antes do amanhecer. Orou a Deus, acendeu o fogão, colocou para esquentar a sopa de repolho e a *kacha*;* acendeu o samovar, vestiu o avental e sentou-se junto à janela para trabalhar. Ficou sentado, refletindo sobre o que acontecera no dia anterior. Algumas vezes pensava que tudo fora uma ilusão e, em outras, que realmente ouvira a voz. "Bem", pensou, "isso acontece".

Ficou sentado próximo à janela, menos trabalhando e mais olhando através dela, e, quando passava alguém usando calçados desconhecidos, ele procurava abaixar-se para ver também o rosto da pessoa. Passou o zelador calçando botas novas de feltro, passou o carregador de água, depois parou junto à janela um velho soldado dos tempos de Nicolau I, usando surradas e remendadas botas de feltro e carregando uma pá. Avdeitch reconheceu-o pelas botas. O velho se chamava Stepanytch, morava de favor na casa do mercador vizinho e tinha por obrigação ajudar o zelador. Stepanytch começou a limpar a neve em frente à janela de Avdeitch. Este o olhou e voltou para o seu trabalho. "Pelo jeito, estou ficando bobo depois de velho", riu por dentro Avdeitch. "Stepanytch chega para limpar a neve, e eu pensando que Cristo veio me visitar. Sou mesmo um velho caduco."

---

* Também chamada *kache*, trata-se de uma papa feita com os grãos do trigo sarraceno, os quais se parecem com grãos de cereais. É muito usada na cozinha polonesa, russa e judaica. (N.E.)

Depois de dar uns dez pontos no couro, Avdeitch sentiu novamente vontade de olhar pela janela. Olhou e viu que Stepanytch encostara a pá na parede e estava parado, aquecendo-se ou descansando. Era um homem velho, alquebrado e não tinha forças suficientes para tirar a neve. Avdeitch pensou: "Por que não convidá-lo para tomar chá?". Aliás, o samovar já estava fervendo. Avdeitch espetou o furador no couro, levantou-se, pôs o samovar sobre a mesa, despejou nele o chá e bateu com o dedo no vidro da janela. Stepanytch voltou-se e aproximou-se da janela. Avdeitch acenou-lhe e foi abrir a porta.

– Entre, aqueça-se um pouco – disse ele. – Você deve estar congelado.

– Graças a Deus! Eu já estava até com dor nos ossos – agradeceu Stepanytch.

Ele entrou, espanou a neve, começou a limpar os pés para não sujar o chão, mas cambaleou.

– Não precisa limpar, eu limpo depois. Entre e sente-se – disse Avdeitch. – Venha tomar chá.

Então, Avdeitch encheu dois copos, serviu um ao visitante, e começou a soprar o seu chá para esfriar.

Stepanytch tomou todo o seu chá, virou o copo com o fundo para cima (entre os russos, sinal de que se está satisfeito), colocou sobre ele o resto de pão e começou a agradecer. Mas percebia-se que queria mais.

– Coma mais – insistiu Avdeitch. E encheu mais um copo para si e para o convidado.

Avdeitch bebia o chá e, de vez em quando, olhava para a rua.

– Está esperando alguém? – perguntou o convidado.

– Se espero alguém? Tenho até vergonha de contar. Não sei bem se espero ou não, mas estou com umas palavras ardendo no coração. Não sei se aquilo foi uma visão. Aconteceu, meu irmão, o seguinte: eu estava lendo sobre Cristo no Evangelho, quanto ele sofreu, como andava aqui na terra. Já ouviu falar disso?

– Ouvir ouvi – respondeu Stepanytch –, mas eu sou simples e não sei ler.

– Pois bem, eu estava lendo sobre como ele andou pela terra. Cheguei ao trecho em que ele foi visitar um fariseu, mas este não se havia preparado para recebê-lo. Pois é, irmãozinho, estava ontem lendo isso e pensava em como o fariseu deixou de prestar honras ao Cristo nosso Senhor. Se, por exemplo, fosse eu ou algum outro, faria de tudo para tentar recebê-lo bem. Mas aquele nem lhe fez uma recepção digna. Fiquei pensando nisso e acabei adormecendo. Adormeci, irmãozinho, e percebi alguém me chamar pelo nome. Abri os olhos e ouvi uma voz sussurrando: "Aguarda, que amanhã vou visitar-te". E aconteceu duas vezes a mesma coisa. Isso – acredite se quiser – ficou na minha cabeça. Por isso estou aqui, envergonhado, mas aguardando a visita do Senhor.

Stepanytch balançou a cabeça e nada disse. Acabou de beber o seu chá e colocou o copo de boca para baixo, mas Avdeitch levantou-o e encheu-o novamente.

– Coma quanto quiser. Também penso que, quando ele andava aqui na terra, não desprezava ninguém e vivia rodeado de gente humilde.

Visitava casas de gente simples, escolhia seus apóstolos entre tipos como nós, trabalhadores e pecadores. Ele dizia: "Quem se exalta será humilhado, e quem se humilha será exaltado". Dizia também: "Vós me chamais de Senhor", mas "eu vos lavei os pés". Avisava: "Aquele que quiser ser o primeiro dentre vós, seja o servo de todos". Isso porque, como ele falava, são bem-aventurados os miseráveis, os humildes, os submissos e os benevolentes.

Stepanytch, homem velho e sentimental, esqueceu o chá. Ficou sentado lá, ouvindo, com as lágrimas escorrendo pelo rosto.

– Coma mais – disse Avdeitch.

Mas Stepanytch agradeceu, afastou o copo e levantou-se, dizendo:

– Obrigado, Martyn Avdeitch.

Você me saciou o corpo e a alma.

– Seja sempre bem-vindo! Venha me visitar outra vez, ficarei contente em recebê-lo – respondeu Avdeitch.

Stepanytch foi embora. Martyn serviu-se do resto do chá, bebeu-o, guardou a louça e sentou-se novamente junto à janela para trabalhar, para costurar o salto. Foi costurando e olhando pela janela, aguardando Cristo e só pensando nele e em suas obras, com a cabeça cheia de frases de Jesus.

Passaram dois soldados, um usando botas do exército e o outro as suas próprias. A seguir vieram o dono da casa vizinha, de galochas engraxadas, e o padeiro com uma cesta. Todos foram adiante. Depois parou perto da janela uma mulher com meias de lã e sapatos rústicos, de roça. Ela passou e parou junto à parede. Avdeitch esgueirou-se, examinou-a da janela e viu que era uma desconhecida, malvestida e com uma criança no colo. Ela estava parada perto da parede, de costas para o vento, tentando proteger e enrolar o bebê na roupa, mas não tinha em que envolvê-lo. O traje da mulher, próprio para o verão, estava muito gasto.

Avdeitch ouviu pela janela o choro da criança e a mulher procurando acalmá-la, sem conseguir, porém. Ele, então, levantou-se, saiu pela porta para a escada e chamou:

– Moça! Olá, moça!

A mulher ouviu e voltou-se para ele.

– O que está fazendo parada com a criança neste frio? Entre aqui no porão. Aqui está quente e poderá cuidar melhor dela. Venha por aqui.

A mulher surpreendeu-se. Viu um velho de avental, óculos no nariz, chamando-a. Ela seguiu-o. Desceram pela escada, entraram no porão, e o velho mostrou-lhe a cama.

– Por aqui, moça – indicou. – Sente-se aqui, mais perto do fogão. Você vai se aquecer e poderá amamentar.

– Não tenho mais leite no peito. Eu não comi nada desde manhã – contou a mulher, mesmo assim oferecendo o peito à criança.

Avdeitch balançou a cabeça. Pegou pão e uma tigela. Destampou uma panela sobre o fogão e encheu a tigela com a sopa de repolho. Retirou do forno a panela com a *kacha*, mas esta ainda não estava bem cozida. Serviu, então, somente a sopa de repolho e o pão. Tirou do gancho a toalha e estendeu-a sobre a mesa.

– Sente-se e coma, moça – disse ele –, enquanto cuido do bebê. Já tive crianças e sei como cuidar delas.

A mulher fez o sinal-da-cruz, sentou-se à mesa e começou a comer, enquanto Avdeitch acomodou-se na cama com a criança. Ele começou a estalar os lábios para o bebê, mas sem os dentes isso era muito difícil. O bebê continuava a chorar. Avdeitch, então, passou a distraí-lo com o dedo: ameaçava encostar o dedo direto na boquinha do bebê e o retirava rapidamente. Não deixava o bebê colocá-lo na boca, porque o dedo estava preto, sujo de graxa. O bebê começou a olhar para o dedo, parou de chorar e depois até riu. Avdeitch também ficou contente. Enquanto isso, a mulher comia e contava quem era ela e para onde ia.

– Eu sou – disse ela – mulher de soldado. Há oito meses meu marido foi mandado para longe e não tenho notícias dele. Eu trabalhava como cozinheira. Quando tive a criança, despediram-me. Já faz três meses que procuro algum emprego. Para poder comer, vendi a roupa que tinha. Quis ser ama-de-leite, mas não me aceitaram, dizendo que era magra. Fui até a casa da mulher de um mercador, na vila onde morava a minha avó, e ela prometeu me empregar. Eu pensei que fosse naquele momento, mas ela mandou passar na próxima semana. Além disso, mora longe. Eu me cansei, e meu adorado filho está morrendo de fome. Fico grata ao senhorio que tem pena e nos deixa ficar no quarto de graça. Senão, não saberia como sobreviver.

Avdeitch suspirou e disse:

– Não tem mais roupa quente?

– Não sobrou nenhuma. Ontem vendi o último xale por uma moeda de dois *grivens*.*

A mulher foi até a cama e pegou a criança, enquanto Avdeitch levantou-se, foi até o outro lado da divisória do quarto, vasculhou por lá e trouxe um casaco surrado, preguead0 na cintura.

– Tome – disse ele –, está gasto e velho, mas serve para agasalhar.

A mulher olhou para o casaco e depois para o velho; pegou o casaco e começou a chorar. Avdeitch se virou e, retirando debaixo da cama um pequeno baú, procurou algo nele e novamente se sentou em frente à mulher.

Então, ela falou:

– Deus o abençoe, avozinho! Com certeza o Senhor me mandou até a sua janela, ou o meu filho teria congelado. Quando saí de casa, fazia calor, e veja agora como está frio lá fora! Além disso, Deus fez com que você me visse pela janela e se apiedasse de mim.

Avdeitch sorriu e disse:

– Foi isso mesmo que ele fez. Mas, moça, eu não olhava à toa pela janela.

Martyn passou a contar à mulher o seu sonho e como ouvira a voz que prometia que o Senhor viria visitá-lo.

– Tudo pode acontecer – disse a mulher. Em seguida levantou-se, vestiu o casaco, embrulhou nele a criança e começou a se despedir, agradecendo novamente a Avdeitch.

– Pelo amor de Cristo – disse ele, estendendo-lhe uma moeda de dois *grivens* –, recupere o xale.

---

* *Griven* é a moeda oficial da Ucrânia, país da Europa Oriental que ganhou sua independência após o colapso da União Soviética em 1991, tornando-se um Estado soberano. (N.E.)

A mulher fez o sinal-da-cruz. Avdeitch fez o sinal-da-cruz também e acompanhou-a até a saída.

Ela foi embora. Avdeitch tomou a sopa, arrumou tudo e sentou-se novamente para trabalhar. Continuou trabalhando, mas de olho na janela: assim que passava uma sombra, ele imediatamente ia ver quem era. Passaram conhecidos, passaram estranhos e não acontecia nada de especial.

De repente, Avdeitch viu que em frente à sua janela
havia parado uma velha, uma vendedora ambulante. Ela
carregava uma cesta com maçãs. Na cesta havia poucas maçãs,
pois a velha parecia ter vendido quase tudo. Ela trazia
no ombro um saco com pedaços de madeira, apanhados talvez
em alguma construção, e levava-os para casa. O saco deve
ter pesado sobre seu ombro e ela quis colocá-lo no outro
ombro. Pôs o saco sobre o parapeito, apoiou a cesta com
as maçãs em uma pequena coluna e começou a chacoalhar
o saco para ajeitar melhor os pedaços de madeira. Enquanto
chacoalhava, surgiu do nada um garoto de boné rasgado,
apanhou uma maçã e tentou fugir.

Mas a velha o percebeu a tempo, voltou-se e agarrou o pequeno pela manga. O garoto debateu-se querendo escapar, mas a velha segurou-o com as duas mãos, deu um safanão no boné e pegou-o pelos cabelos. O garoto começou a gritar e a velha, a praguejar. Avdeitch nem teve tempo de dar mais um ponto no couro: jogou tudo no chão, correu para a porta e até tropeçou na escada, deixando cair os óculos. Saiu para a rua: a velha puxava o pequeno pelos cabelos, praguejando e querendo levá-lo à polícia.

O menor debatia-se e contestava:

– Eu não peguei nada – dizia. – Por que está me batendo? Me solta!

Avdeitch foi apartá-los. Pegou o garoto pela mão e disse:

– Deixe-o ir, vovó! Perdoe-lhe, pelo amor de Cristo!

– O perdão que vou dar, ele vai demorar para esquecer. Vou levar este safado à polícia.

Avdeitch começou a implorar-lhe:

– Deixe-o ir, vovó – disse. – Ele não vai mais fazer isso. Deixe-o ir, pelo amor de Cristo!

A velha largou-o, e o garoto quis fugir; mas Avdeitch segurou-o.

– Peça perdão à avozinha – disse ele. – E nunca mais faça isso, pois eu vi você pegar a maçã.

O menino começou a chorar e a pedir perdão.

– Assim está bem. Agora, tome aqui esta maçã.

Então Avdeitch pegou da cesta uma maçã e deu-a ao menino.

– Eu pago, vovó – disse ele à velha.

– Você vai acabar mimando esses safados – disse a velha. – Eles precisavam é de um corretivo tal que não conseguissem sentar-se por uma semana.

– Ah! Vovó, vovó – disse Avdeitch. – Esse é o nosso jeito, mas o jeito de Deus é diferente. Se ele merece ser surrado por uma maçã, imagine o que nós merecemos pelos nossos pecados?

A velha calou-se.

    Então Avdeitch contou-lhe a parábola do patrão que perdoou a um devedor uma grande dívida, e esse devedor saiu e começou a pressionar um homem que também lhe devia, só que uma soma menor. A velha ouviu tudo, e o garoto também ficou parado, atento.
    – Deus mandou perdoar – disse Avdeitch –, senão também não seremos perdoados. Perdoar a todos e, ainda mais, aos inocentes.

A velha balançou a cabeça e suspirou.

– Está certo – disse ela –, mas esses garotos estão muito sem-vergonha.

– Pois nós, velhos, devemos ensiná-los – disse Avdeitch.

– Também acho – disse a velha. – Eu própria tive sete filhos, e só me restou uma filha.

Então ela passou a contar que morava na casa da filha e a falar sobre seus netos.

– Veja – disse ela –, já nem tenho mais forças, mas continuo trabalhando. Tenho pena dos meus netos, que são maravilhosos. Quando chego em casa, ninguém me recebe como eles. A Aksiutka não sai de perto de mim e fica dizendo: "Vovozinha, querida vovó do coração..." – emocionou-se a velha. – Bem, isso é coisa de criança. Deus o guarde – disse a velha, referindo-se ao menino.

Quando ela quis levantar o saco de madeira para colocá-lo sobre o ombro, o garoto aproximou-se e disse:

– Deixe que eu levo, vovó, é meu caminho.

A velha balançou a cabeça e colocou o saco sobre as costas do menino. Então, eles seguiram juntos rua abaixo. A velha até se esqueceu de cobrar a maçã de Avdeitch. Este ficou parado, olhando-os afastarem-se e ouvindo-os conversar sobre algo.

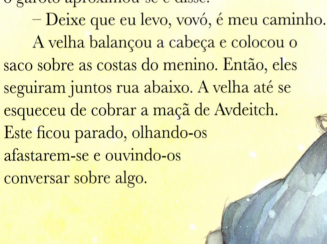

Avdeitch acompanhou-os com o olhar e voltou para casa. Encontrou os óculos na escada e viu que não se haviam quebrado. Apanhou o furador do chão e sentou-se novamente para trabalhar.

Trabalhou um pouco, mas logo começou a não acertar os furos. Viu que lá fora passava o encarregado da iluminação da rua para acender os lampiões dos postes. "Acho que está na hora de acender a luz", pensou ele. Acendeu o seu lampião, pendurou-o perto e voltou ao trabalho. Terminou o conserto de um sapato, examinou-o de todos os lados e ficou satisfeito. Guardou as ferramentas, limpou os restos de couro, recolheu as escovas, formas e furadores, pegou o lampião, colocou-o sobre a mesa e tirou o Evangelho da estante. Ele pretendia abrir o livro na parte em que havia parado no dia anterior e que marcara com um pedaço de couro, mas o livro abriu-se em outra parte.

Assim que Avdeitch abriu o Evangelho, lembrou-se imediatamente do sonho do dia anterior. Mal lhe veio essa lembrança, pareceu-lhe que alguém se mexia atrás dele.

Avdeitch olhou para trás e viu que no canto escuro estavam paradas várias pessoas e ele não conseguia distinguir quem eram. Então, uma voz sussurrou-lhe ao ouvido:

– Martyn! Ei, Martyn. Não me reconheceste?

– Reconhecer quem? – balbuciou Avdeitch.

– A mim – disse a voz. – Esse era eu.

Então, do canto escuro apareceu Stepanytch. Ele sorriu e dissipou-se como uma nuvem, desaparecendo...

– Essa também era eu – disse a voz.

Do canto escuro surgiu a mulher com a criança. Ela sorriu para ele, o bebê riu, e eles também desapareceram.

– Mesmo eles, era eu – disse a voz.

Do mesmo canto apareceram a velha e o garoto com a maçã. Ambos sorriram e também desapareceram.

Avdeitch sentiu a alma regozijar-se! Fez o sinal-da-cruz, colocou os óculos e começou a ler o Evangelho na parte onde este se abrira. No início da página, leu:

Pois tive fome e me destes de comer.
Tive sede e me destes de beber.
Era forasteiro e me recolhestes.

No fim da página, leu mais:

Cada vez que o fizestes a um desses meus irmãos mais pequeninos, a mim o fizestes.

Avdeitch, então, compreendeu que o sonho não o enganara. Naquele dia, o Salvador realmente viera visitá-lo e ele, com certeza, o recebera bem.